Mon lieu d'observation, Douze mois, une année, quinze paisons... dans mon jardin, Jours après jours, J'observe, J'écris, Je dessi

ex Libris
nom

adresse

téléphone

e.mail
...

Annemarie

À *Dick, Joa, Quena* et mes amis
qui m'ont encouragé pendant la création
de ce livre…

© ÉDITIONS ÉQUINOXE, 2001
Domaine de Fontgisclar
Draille de Magne
13570 Barbentane

ISBN 2 84135.257.9

Mise en page : Rose HÔ & Étienne Marie

Marie Le Glatin-Keis

Mon Jardin

Jour après Jour

ÉQUIN•XE

Préface

Dans mon jardin, jour après jour, j'observe, je dessine, je peints: les bourgeons, les arbres, les fleurs, les tons, les nuances, les ambiances ; quatre saisons passent : la pluie, le vent, les matins blancs d'hiver, le soleil, la chaleur de l'été, le chant des cigales, les automnes brun-doré. Je note et je croque, avec des mots, des traits, des couleurs... Je me laisse imprégner de l'intimité des parfums... rose, daphné, lavande... De retour dans mon atelier, j'étale les lavis sur les pages blanches... Je sèche, presse, colle, déchire, des idées vont et viennent, certaines me touchent, un dialogue avec la nature s'installe. J'apprends le langage des fleurs... Ma main bouge, sûre et rapide, elle attrape crayons et pinceaux, encres et tampons, les feuilles se remplissent jour après jour...

Marie, Janvier 2000

Avril. Avril. Avril. Mai. Mai. Mai. Mai. Mai. Mai.

le bourgeon
est déjà
sorti et
forme

21 octobre, en passant sous le tulipier, je remarque des tâches rouge vif dans les branches et ensuite les entrelacs d'écorce brune qui enveloppent ce que je pense être les fruits qui germeront en Mars prochain ! Je m'arrête, mes yeux s'ajustent... perfection !

œil · main

Juin · Juin · Juin · Juillet · Juillet · Juillet · Août · Août ·

l'œil pour voir, la main pour faire...

Jamaica 90c

FRAGILE

CARTE POSTALE

Septembre · Octobre · Octobre · Octobre ·
pour le soleil et la lune

Janvier. Janvier. La fleur de daphné en Janvier. Janvier. Janvier.

Mi-Janvier, au cœur de l'hiver... J'observe la fleur de daphné. Des bourgeons ventrus émergent parmi les feuilles vertes... bientôt, des petites fleurs roses, pâles, et délicates s'ouvriront et émanueront un parfum enivrant. Leur délicatesse me fait penser à une gravure ancienne...
Sepia
   trait
     ombre
       lumière...

Sous mon bras se cache une enveloppe tâchée d'aquarelle. Je l'intègre dans ma page, ma main attrape le porte-plume, le trempe dans l'encre brune... une image se crée... douce.

Daphné

du grec Daphné = Laurier.
Arbrisseau à fleurs rouges ou
blanches odorantes, à baies rouges
toxiques, dont le garou ou Sainbois
est une espèce commune dans le
midi.

Quatre jours de la vie d'une fleur

1.
2.
3.
4.

le daphné ; Le daphné ; Le daphné en Janvier. Janvier

1.

2.

3.

4.

5.

6.

7.

. Janvier . Janvier . Janvier

Les feuilles sont tachetées de verts.

un soupçon de rose au milieu du vert tendre

P.S. demain voir l'évolution Fleur, sans fa...

12.

13.

14.

Janvier . Janvier . Janvier . Janvier . Janvier . Jan

15.

16.

17.

18.

19.

20.

21.

un tour de Jacobi, ce matin. Froid de la mi-Janvier

Janvier . Janvier . Janvier . Janvier . Janvier . Janvier . Ja

20 Janvier
quelques jours avant
l'explosion de fleurs et
de parfum qui embaumera le
jardin pendant des jours ! on sait que
le printemps ... les tulipes, la feuille a
déjà commenc...

fleur f'evrier
dans un lit
de feuilles vert
clair
→ pointes
roses vif
vert tendre

la fleur
s'ouvre
rose vif ..

détail de
bois - rouge
section brun
blanche .

fleur blanche
tintes de rose

Mannaïck
210 N.W Kings
Corvallis
Oregon, 97330
Etats-Unis

AIR MAIL
PAR AVION

Noriko Nakai
Shimominaga
25.73 Saijo
HIGASHI HIROSHI...
Japan 〒 19...

Janvier . Janvier . Janvier . janvier . Janvier . janvier . Janvier

22.

23.

24.

25.

26.

Dans la 3ᵉ semaine de Janvier
les pointes roses délicatement
fermées, ont éclos.
Le buisson est maintenant couvert de
petites fleurs en formes d'étoile.

janvier . janvier . janvier . janvier . janvier . janvier . janvier

27.

28.

29.

30.

31.

réflexion sur Janvier. réflexion sur Janvier. réflexions sur reflexions sur Janvier . reflexions sur Janvier . reflexions sur Janvier . reflexions sur Janvier . reflexions sur Jan

février · février · février · février · février · février · fév

Février... des tapis de crocus apparaissent sous le tulipier, blanc parme sourds au long des haies... Le matin, la rosée finit de fondre. Février, l'air est froid, nettoyé par les gelées et transparaît le gris du ciel...

février. février. février. février. février. février. fé

1.

2.

3.

4.

5.

6.

7.

février . février . février . février . février . février . févri

8.

9.

10.

11.

12.

13.

. 14.

février . février . février . février . février . février . févr

15.

16.

17.

18.

19.

Ces 4 derniers jours,
je suis allée observer
le lit de crocus ;
chaque jour les pétales
s'ouvrent un peu plus...

février. février. février. février. février. février. février.

20.

21.

22.

23.

24.

aujourd'hui, je vois les six pétales de la fleur de crocus.

février . février . février . février . février . février . février .

25.

26.

27.

28.

29.

le pistil jaune apparaît, la fleur est
complètement épanouie, belle
et éphémère ; dans quelques jours
les pétales commenceront à tomber ..

détail du pistil
qu'il ressemble
à une petite
girofle !

...se préparent pour se donner en spectacle, éclatantes de jaune.. La Jonquille au mois de Mars... Réunir leur les deux... Le Printemps est à la porte... tôt le matin.. Le ciel est bas et gris.. Mars.. Les jonquilles

Au mois de Mars
chaque année, je regarde
les Jonquilles
sortir de terre avec la
même émotion,
le même plaisir.. Je les dessine.
Tiges vertes, gorgées d'un
éclats jaunes
délicats

Premiers Jours de Mars.

La Jonquille.. Je l'observe chaque jour pendant une semaine.. une de mes fleurs préférée.
elle me rappelle le meilleur
de mon enfance.. les prés verts,
j'entends le ruisseau. Je sens la douceur
de la lumière.. le Printemps est
arrivé. enfin l'air est frais..
Accroupie.. Je vois la vie & j'observe, Je
m'oublie.. Ça sent bon la terre.
ma main dessine, danse sur papier..
Je me sens privilegiée de voir la vie
là, ici, sous mes yeux..

1. 2. 3. 4.

le cinquième Jour,
Je vois la
fleur
s'ouvrir!
là, devant mes
yeux... miracle!
5. 6. Je me
sens
toute
petite..
humble..
silence.
Jaune,
or,
vert,
calme
harmonie
perfection..

7.

16 Mars. 99.
Je m'auvris, Selle
se confond
distincts
age d'arbre
douce et
du soir
est frais
temps!!

8° Jour.
apotheose. éclatante de Jaune
c'est encore le mouvement qui
me fascine.. pas besoin de couleur..

un sourire de contente..
s'installe sur mes lèvres et

Mars. Mars. Mars. Mars. Mars. Mars. Mars. Mars. Mar

1. _____
2. _____
3. _____

1ers Jours de mois de Mars

4. _____
5. _____
6. _____
7. _____

Mars. Mars. Mars. Mars. Mars. Mars. Mars. Mars.

8.

9.

10.

11.

12.

13.

14.

en Mars. Mars. Mars. Mars. Mars. Mars. Mars. Mars. Mar

les Jonquilles sortent de la terre

15.

16.

17.

18.

19.

Mars. Mars. Mars. Mars.

Aujourd'hui 15 Mars
e jeudi : colle, déchire
cette... J'ai aperçu le
jaune des Jonquilles, le
vert tendre des tiges. J'ai
arraché la feuille, collé sur
carnet de Mars. Je me
rappelle les moindres détails
de ce jour : l'odeur de la
terre, l'eau... tout me revient
en mémoire, derrière le champ
grosse des pluies d'hiver.

Mars. Mars. Mars. Mars. Mars. Mars. Mars. M

20.

21.

22.

23.

24.

25.

26.

Le lendemain, elle s'ouvre et danse

Mars. Mars. Mars. Mars. Mars. Mars. Mars. Mars

27.

28.

29.

30.

31.

Mars. Mars. Mars. Je pense, J'observe la Jonquille en Mars, dans mon Jardin. Jonquille ... en Mars

Mars. Mars. Mars. Mars. Mars. Mars. Mars. Mars.

Mes réflexions sur Mars, réflexions de Mars, réflexions...

éclatante de Jaune !

Avril.. Avril. la tulipe en avril. Avril. la tulipe en Avril.

Avril..

jaune, rouge, bleu...
Les tulipes vibrent de couleur..
le Printemps est arrivé
la fièvre me prend...

1.
_____

2.
_____

3.
_____

4.
_____

5.
_____

6.
_____

7.
_____

8.

9.

10.

11.

12.

13.

14.

En Avril. Avril. Avril. Avril. Avril. Avril. Avril.

15.

16.

17.

18.

19.

20.

21.

22.

23.

24.

Elles s'ouvrent et s'épanouissent, les tulipes dans la nuit, les pétales sont tombés.

25.

26.

27.

◊ encore belle   dans sa dernière phase ◊

28.

29.

30.

Avril. Avril. Avril. Avril. Avril. Avril.

nous réfléxions en Avril. Je regarde les tulipes éclater de coulsur

« La tulipe
Liliacée bulbeuse
a grande
et
belle
fleur.
Solitaire en
forme de vase. »

Iris en Mai... le jardin est plein de couleurs... d'iris, en Mai... Mai, pendant 11 mois de Mai, j'attends et je reste... les champignons, le jour, la pluie... le ciel... l'iris d'ours et devrait toute se décoller en Mai... l'iris

l'apothéose, le miracle... au mois de Mai...
aujourd'hui de longues feuilles vertes couronnées d'un
Mai... J'ai vu les iris portés de terre en Novembre
dernier... la tige bleutée
bourgeon gorge d'eau...
s'ouvrira bientôt et ce sera
il n'y a plus de l'hiver dont

Mai . Mai . Mai . Mai . Mai . Mai . Mai . Mai . Mai . Mai

1.

2.

3.

4.

5.

6.

7.

Mai . Mai . Mai . Mai . Mai . Mai . Mai . Mai . Mai . Mai . Mai .

8.

9.

10.

11.

12.

13.

14.

Mai. L'iris en Mai. Je le dessine plein de formes et de couleurs. L'iris en Ma

15.

16.

17.

18.

19.

Je jour, encore 1 ou 2 jours et la fleur
sera complètement ouverte
comme ce papillon sur le mur.

...is au mois de Mai. Mai. Mai. M... ...au joli mois de Mai

Strathmore Imperial Watercolor
140 lb Cold Press

CARTE POSTALE

Son Sui / Hills
c/o Jeffrey Hills
N.S.W
AUSTRALIA.
PAR AVION

livre
Verso

sur les feuilles.

→ le coeur, li
Jaune vif. 2f

simple

un mélange
contours m'a
palette s'y telle que si je veux
retrouver ces mêmes tons, il
faudra que je refasse mes
essais. avec
les 2 Jaunes
de Caley

"Jaune"

comme dit la chanson. Les couleurs d'autrefois rouge, jaune...

Mai. Mai. Mai. Mai. Mai. Mai. Mai. Mai. Mai. Mai. Mai.

20.

21.

22.

23.

24.

25.

Avec les premières journées ensoleillées la fleur de l'iris s'ouvre chaque jour un peu plus – cette nuit = l'apothéose ?

Mai. Mai. Mai. Mai. Mai. Mai. Mai. Mai. Mai. Mai.

26.

27.

28.

29.

30.

31.

Le mois de Juin. le coquelicot au mois de Juin. Juin. Juin. l'été s'annonce... le soleil se fait dort... partout des champs de coquelicots... même dans mon jardin. en Juin... en Juin... au matin, ils ouvrent leur fantastique corolle rouge...

Juin.. les semaines passent.. les tiges du coquelicot poussent hautes, vertes et velues ; Elles se contortionnent se redressent et se balancent à la porte de mon atelier..

le bourgeon restera fermé longtemps... jusqu'au jour où l'écorce se fendra et laissera apparaître le soupçon orange de la fleur enclose..

Au petit matin, les pétales rouges et fripés déploient leur beauté éphémère... en Juin..

Juin . Juin . dans le Jardin en Juin . Juin . Juin . Juin . Ju

1.

2.

3.

4.

5.

6.

7.

. Juin . le coquelicot en Juin . Juin . Juin . Coquelicot . Juin .

8.

9.

10.

11.

12.

13.

14.

Juin . le coquelicot . en Juin . Juin . Juin . le coquelicot en J

15.

16.

17.

18.

19.

20.

21.

Juin . Juin . Juin . Juin . Juin . Juin . Juin . Juin . Juin . J

22.

23.

24.

25.

26.

l'enveloppe va tomber, puis bientôt ch la fleur s'ouvrira

l'enveloppe est accrochée à la fleur ! rien ne la retient à la tige !

·Juin·Juin·Juin·Juin·Juin·Juin·Juin·Juin·Juin·Juin·J

27.

28.

29.

30.

et voilà, le lendemain,
l'enveloppe est tombée
et la fleur de pavot
a deployé ses
pétales rouges -
une pure merveille
de la nature !

en juin . Juin . Juin . coquelicots . Juin . Coquelicots . Juin . Juin

Juin . ce qui se passe ... en moi, dans le Jardin . & coquelicots

J'observe... chaque Jour de Juin... coquelicot. Juin . Juin . Juin . Je note . Je croque . Je dessine . J'écris . Juin . Juin . Juin . Juin

Juillet. l'été. chaud, vibrant de couleurs. Soleil ! Juillet. La renon...

Soleil
Chaleur
Été
Le Jaune de la renoncule
Tapis doré...
Juillet...

Juillet. Juillet. la renoncule en Juillet. Ju

1.

2.

3.

4.

5.

6.

7.

la feuille de renoncule

la tige

les jours d'observation

8.

9.

10.

11.

12.

13.

En Juillet. la renoncule. Juillet. Juillet. la renoncule

14.

15.

16.

17

18.

19.

20.

Juillet. Juillet. la renoncule en juillet. Juillet. Juillet.

18e Jour

Juillet. la renoncule ... Juillet. Juillet. Juillet.

21.
22.
23.
24.
25.
26.
27.
28.

29.

30.

31.

même au 30ᵉ jour,
les pétales ont gardé leur intensité en couleur..
Jaune
or
ocre

Juillet . Juillet . la renoncule en Juillet . Juillet . Juillet

Juillet. La renoncule ou Juillet. Juillet. Juillet. Juillet. la la renoncule en Juillet. Juillet. J'observe la renoncule en Juille

Aout. Aout. le tournesol. Aout. l'été. Aout. le tourn

Aout !
les cigales chantent inlassablement
les Journées passent au rythme de l'été...
les tournesols poussent fonts et fiers...

Le tournesol . Aout . Aout . ' Aout . Aout . Le tournesol en Aout

demain l'ouverture ?

haute et fière la tige du tournesol

1.

2.

3.

4.

5.

6.

7.

tournesol. Aout. Aout. La fleur de tournesol en Aout. Aout. Ao

8.

9.

10.

11.

12.

13.

14.

quelques heures de soleil... la fleur s'est deployée.

Aout. Le tournesol en Aout. Aout. tournesol. Aou

15.

16.

17.

18.

19.

20.

21.

Aout. Aout. Aout. Aout. Aout. Aout. le tournesol. Aout. oct...

Jaune d'or
des centaines par fleur

une graine de tournesol

...ue des derniers étapes de la vie du tournesol.
...essiné le 22 octobre... les oiseaux se régalent

Aout. Le tournesol. Aout. Aout. Aout. Ao

22.

23.

24.

25.

26.

le tournesol. Aout. Aout. Aout. J'observe le tourne

27.

28.

29.

30.

vert feuilles montré dessous

début juillet en remontant sur la Bretagne les champs de tournesol doré d'été

Septembre.

Hier, j'ai planté de grosses marguerites et des delphiniums. Mariés avec les géraniums rouges et les pissenlits dorés, il y aura encore de la couleur dans le jardin pendant quelques semaines.
Dans le potager, de beaux légumes charnus et colorés mûrissent au soleil d'automne.
Grenouilles et criquets chantent jusqu'au soir.
Le Hamac se balance entre deux Kakis..
La lune s'est levée ronde et rousse.
Le temps s'arrête ..

Septembre.

Septembre . de pissenlit en septembre . septembre . septembre

1.
2.
3.
4.

de pissenlit en bouton, pleni de pleni

5.
6.
7.

8.

9.

10.

s'ouvrant 2 jours + tard, le bourgeon s'ouvrant, des petits pommes ou...

11.

12.

13.

14.

septembre . septembre . septembre . septembre . septembre

septembre . de pissenlit . septembre . septembre . septembre . sep

15.

16.

17.

18.

19.

20.

21.

septembre · septembre · septembre · septembre · septembre

22.

23.

24.

25.

septembre. le pissenlit. pissenlit. septembre. september.

26

27

28.

29.

30.

envolée, la fleur de pissenlit, demain,
d'autres bourgeons vont s'ouvrir, d'autres
fleurs vont partir dans le vent.
Ainsi de suite de Février à Novembre,
le pissenlit fleurit.

septembre. septembre. septembre. septembre.

septembre · septembre · septembre · septembre · sept

21 octobre, sous le tulipier
en marchant sous les entrelacs d'écorce
brune qui enveloppent des fruits
rouge vif... Je m'arrête,
mes yeux n'ajustent
perfection...

en Octobre. Le tulipier et ses fruits rouges. Octobre. Octob

1.

2.

3.

4.

5.

6.

6 fruit rouge st expulsé hors de l'écorce

couleur chair à l'intérieur de l'écorce

fil blanc qui attache le fruit rouge à l'écorce bru

l'intérieur du rouge = une sem brun noir

7.
8.
9.
10.
11.
12.
13.

cet haricot noir qui tombera au sol et germinera au printemps prochain...

Octobre. Octobre. le tulipier en Octobre. octobre. oc

en octobre, les premiers bourgeons sont déjà en place

mi-novembre la 1ère enveloppe tombe

la 2e s'ouvrira au futures feuilles s'exposeront au printemps

Fin octobre,
l'automne est
partout !
Après l'apparition des bourgeons,
l'hiver s'installe et
le tulipier s'endort.
Je me concentre
sur le tronc
souple et noueux
taches blanches
sur écorce grise.

Les feuilles
brunissent et
tombent

les bourgeons
sur les branches
jusqu'au printemps

Octobre. Le tulipier en octobre. Octobre. Octobre. Octobre.

21.

22.

23.

24

25

26

octobre. dans le Jardin en Octobre. Octobre. octobre

5, 6 mois plus tard, le bourgeon s'ouvre chaque jour un peu plus

1.

2.

3.

↗ 3 jours d'observation

27.

28.

29.

30.

31.

2 jours 2 nuits et la fleur du tulipier s'est complètement épanouie

Octobre. Octobre. Octobre. Octobre. Octobre. Octobre.

la Rose, Novembre.. plus sombre, moins virulente, plein de vie cependant. Le rosier à la fenêtre de mon atelier.. rouge sombre, foulait que l'hiver puis s'installe. Novembre.. Décembre.. c'est l'hiver.. matins froids.. le rosier rouge sous le gel blanc...

Novembre,
chaud dans l'atelier
froid dehors
les mots me viennent
comme des couleurs
formes
ambiance

d'hiver..
ciel bas et gris..
feuilles.. tapis brun
rosier rouge à la fenêtre..

1.

2.

3.

4.

5.

6.

7.

Novembre... la rose en Novem...

...nées dans l'année... la Rose. la Rose en Novembre, moins

8.
9.
10
11.
12.
13.
14.

Le Rosier en novembre. le Rosier a ma fenêtre. en Novembre. Ros

sier. la Rose en Novembre tout aussi rouge .. sombre en Novem r' en Novembre . Novembre . la rose et le rosier rouge en Novem

15

16

17

18

19

20

21

Joëlle & Kavin Santir
Rua de los santos
94 ITAPOA
Salvador Bahia
41630.100
BRAZIL

AIRMAIL

Vu vol d'oies sauvages dans un ciel d'hiver

22.

23.

24.

25.

26.

La Rose. Le Rosier rouge du Jardin. En Novembre. La Rose en Novembre.. 2 boutons suspendus sur les tiges vertes et épineuses. La

27.

28.

29.

Novembre.. Je doute qu'ils épanouissent, c'est l'hiver dans le Jardin.

decembre. Decembre. decembre. la fougère en décembre

21 Décembre. le Solstice. Ciel d'hiver.
Le jardin semble figé dans l'air froid...
l'herbe craque sous mes pas.
Je protège les clématites et les jasmins.
Seules les fougères semblent défier l'hiver,
Elles se dressent hautes et vertes.
Je les choisis pour illustrer Décembre.

Jour 1.

8.

12.

13.

16ᵉ matin
Superbe!

Hélène Joyeux
Allée des rosiers
30.160 Villeneuve
lès Avignons
France

AIR MAIL
PAR AVION

USA 32
MAY 1999
OR 97331
U.S.P.S.

la fougère en décembre. la fougère. décembre. décem

1.
2.
3.
4.
5.
6.
7.

un fouillis de fougères dans un coin du jardin. Je les observerai au printemps surtout mais l'ambiance restera décembre - décem

8.

9.

10.

11.

12.

13.

14.

en une nuit, les fougères se sont
déroulées délicatement.
J'aime le contraste entre
le feuillé végétal et la fougère.

decembre. la fougere en decembre. decembre. decemb

15.

16.

17.

18.

19.

20.

21.

épreuve d'artiste.. "ici ou

25.

26.

27.

28.

29.

30.

31.

décembre. la songer en décembre. décembre. déc

Si j'ai choisi la fougère ou décembre, décembre à la fougère... ou décembre, la fougère pour les mots de décembre c'est parce qu'elle est là, cachée, abritée, verte intense, pleine d'eau, haute et fière...

Achevé d'imprimer en avril 2001
sur les presses de l'imprimerie Grafiche Zanini, à Bologne, Italie.

Photogravure Quadriscan, à Oraison, dans les Alpes-de-Haute-Provence.

Epilogue

Quand je regarde chacune de ces pages, je me souviens de l'énergie qui a couru à travers moi comme la vie dont j'ai été témoin.

La plupart de ces pages ont été créées en Orégon sur la côte Pacifique, à des milliers de kilomètres de la Bretagne et pourtant, ici comme ailleurs le miracle de la nature se produit. Ici ou là-bas, les bourgeons s'installent au bout des branches, s'ouvrent et s'étalent de couleurs... Avec mon cahier et mes crayons, je me perds dans les mêmes méandres, l'incroyable précision du monde végétal.

Je croque avec des mots, des lignes, des couleurs. Seules, les oies sauvages qui crient dans le ciel froid d'hiver me rappellent que je suis sur la côte nord du Pacifique.

Créer ce livre a été une belle aventure, un souffle de vie. J'espère que ma fièvre transparait dans cet ouvrage.

Marie, Janvier 2001.

Février. Février. Février. Février.   Mars. Mars. Mars.

de la ... et la meilleur.
Créer, c'est créer une intimité entre la nature et soi-même

I like to write about the creative process, more than the botany and science of nature, what do I know!

Mars. Mars.
POSTALE.

décembre. décembre. Janvier. Janvier. Janvier.

octobre. octobre. octobre. Novembre. Novembre.

Janvier . Janvier . février . février . février . févr . Mars . Mars